WI THE HAILL VOICE

25 poems by Vladimir Mayakovsky

WI THE HAILL VOICE

translated into Scots with a glossary by Edwin Morgan

CARCANET PRESS

Acknowledgements are due to: *Akros, Breakthru, The College Courant, Lines Review, Poor.Old.Tired.Horse, The Review, Saltire Review*, Migrant Press.

First published in Great Britain in 1972 by
CARCANET PRESS LTD
Alliance House, 30 Cross Street
Manchester M2 7AQ
www.carcanet.co.uk

This edition: 2016

A CIP catalogue record for this book is available from the British Library.

ISBN (standard edition): 9781784104474
ISBN (signed edition of 36): 9781784104481

The publisher acknowledges financial assistance from Arts Council England

Contents

Introduction

ALTHOUGH IT is now nearly half a century since the death of
Vladimir Mayakovsky (1893-1930), his work still keeps a springy
and accessible vitality, and his ideas and feelings about the
relation of poet to society are as relevant and controversial as
they ever were. He took enormous risks, throwing hostages to
time in his devotion to transitory issues, and some commentators
have accused him in this of a paradoxical foolishness, a per-
versely wilful stifling or misdirection of his admitted genius.
"He wasted his talent," wrote Patricia Blake*, "drawing posters,
and composing thousands of slogans and 'agitational' jingles that
urged the Soviet people to drink boiled water, put their money
in the bank, and patronise state stores." But who is to say that
these activities, which to Mayakovsky (and he was artist, editor,
playwright, film-writer, as well as poet) were an important part
of the cultural midwifery of the new Soviet state, can only be
regarded as a "waste of talent"? *Ex ungue leonem.* Here is one
of the "agitational jingles", written in 1920 during the civil war
period, and saying roughly "Wrangel—out!":

> Vrangel—fon,
> Vrangelya von!
> Vrangel—vrag.
> Vrangelya v ovrag!

The marked beat, the word-play, the popular mnemonic pat-
terning all speak Mayakovsky. The pleasure he took in writing
the jingle is clear, yet it is also the useful little snap of Bolshevik

---

*in V. Mayakovsky, *The Bedbug and Selected Poetry,* ed. P. Blake (Weiden-
feld & Nicolson, 1961).

polemic it is designed to be. Of course a man so strongly indi-
vidual and original as Mayakovsky could not transform himself
into the spokesman of a new and tough-minded social order'
without cost. He was entitled to say, in his late poem "With the
Full Voice" (1930), that he was "fed up with agitprop" and
had "trampled on the throat of (his own) song", but at the
same time, and equally, he is proud of the fact that he was able
to mould himself in accordance with the demands of a Revolu-
tion he wholeheartedly believed in, and he claims that his verse
will reach and affect posterity—*because* of the honesty of its
pain and its cost, is what one might add—when life itself has
moved on and the art-works of our struggling age are dug up
like arrow-heads and antediluvian bones.

When Mayakovsky read "With the Full Voice" in the
House of the Komsomols in Moscow in March, 1930, the poem
was well received, and he obviously felt encouraged at that
moment that such a complexly-textured poem should have
broken through the audience barrier. He commented: "The
fact that it got across to you is very very interesting. It shows
that we must, without impoverishing our technique, work
devotedly for the working-class reader." In the more-proletarian-
than-thou word-battles of the later 1920s, Mayakovsky was
often under attack for his difficulty, or for what was regarded
as the lingering bad legacy of futurist extravagance in his work,
or for what seemed to some an insufficient identification with
workers' problems and aspirations. Many of the attacks were
unjust, and distressed him greatly; the philistines, gaining confi-
dence and power, certainly contributed to his eventual suicide,
whatever more personal causes were at work. Resilient, if not
resilient enough in the end, Mayakovsky had made more than
one spirited reply to his enemies. In particular, his article
"Workers and Peasants Don't Understand You" (1928) gave
this interesting defence of a Soviet artist's position :

"A genuine proletarian Soviet art must be comprehensible to
the broad masses. Yes or no?"
—Yes and no. Yes, but with a corrective supplied by time and

propaganda. Art is not born mass art, it becomes mass art as the result of a sum of efforts : critical analysis to establish its soundness and usefulness, organised diffusion of the work through party and state channels if its usefulness is agreed, good timing of mass diffusion of the book, no clash between the question raised by a book and the maturity of the questions of the masses. The better the book, the more it outruns events.

The last sentence seems almost to show Mayakovsky as Machiavelli. At first it clinches the argument for state supervision which the previous sentence unfolded, and then by a species of double-take you find that he has left behind, after all, a classic little time-bomb from the *avant-garde*. The ambience is going to have its work cut out to catch up.

It was Mayakovsky's unenviable dilemma to feel obliged, by his own conscience, to attempt the transition from a brilliant, explosive, tormented, and largely subjective futurism to a more outward-looking, more comprehensible and more comprehensive, yet not self-compromised poetry. The polarization between those who extol the early poetry for its expressive freedom (and this includes Boris Pasternak as well as many Western critics) and those who suspiciously walk round it because futurism is pre-revolutionary and has sinister connections such as Marinetti (and many Soviet critics are still in this position), has been unfortunate. Mayakovsky's work is in fact more of a piece than is often admitted. Although his poetry became less dependent on startlingly unexpected sequences of imagery, he never gave up his belief in innovation; and conversely, Soviet critics rightly point out that even in the pre-1917 poems like *A Cloud in Trousers, I,* and *The Backbone Flute* the poet's concerns often reflect society at large although dealing with themes of personal alienation and erotic hangup. In 1918—post-Revolution but only just—Mayakovsky wrote : "Revolution in content is unthinkable without revolution in form." For content he was thinking about "socialism-anarchism", and for form "futurism". Nevertheless, the statement stands as a general position which he kept, with very few qualms or qualifications, even when Lenin and Lunacharsky thought otherwise. In his poem "A Talk with the Taxman about Poetry" (1926) he still writes, in the midst of a most entertaining defence of the hard work of a professional poet: "Poetry—all poetry!—is a journey into the unknown." And in the long essay "How are Verses Made?" (also 1926) he repeats: "Innovation, innovation in materials and methods, is obligatory for every poetical composition."* In that essay, innovation joins careful craftsmanship, a feeling for the age, the use of the spoken language, and a commitment to social struggle as one of the prerequisites for modern poetry.

But what were the innovations? There was a turning away from nature (which bored Mayakovsky) and an attempt to incorporate into verse something of the urban, industrial, and technological dynamism of the modern world—hence the importance to him of Brooklyn Bridge as a symbolic object, and hence the imaginary Wellsian workers' palace of the poem "Versailles", with its million rooms of glass and steel so bright that they hurt the eyes. There was a determination to refresh and revive language, not only in the post-Revolution sense of a newly liberated popular speech which must find its way into art (though ironically, when Mayakovsky says "whore" or "shit" his Soviet editors trot out a Victorian dot-dot-dot) but also at the aesthetic level of mind-bending imagery and juxtaposition, and an acutely inventive use of word and sound in every device of onomatopoeia, alliteration, assonance and dissonance, pun and palindrome, and perhaps above all (and in the spirit of the highly inflected Russian language) morphological play and dislocation.

Mayakovsky was one of the signatories of the 1912 futurist manifesto "A Slap in the Face of Public Taste", which said among other things:

> The past is crowded . . . Throw Pushkin, Dostoyevsky, Tolstoy, *et al., et al.,* overboard from the Ship of Modernity . . . All those Maxim Gorkys, Kuprins, Bloks, Sologubs, Remizovs, Averchenkos, Chernyis, Kuzmins, Bunins, etc., etc. need only a *dacha* on a river . . . We look at their nothingness from the

---

*quoted from the translation by G. M. Hyde (Cape, 1970).

heights of skyscrapers! . . . *We decree* that the poets' *rights* be honored :
1) to enlarge vocabulary in its *scope* with arbitrary and derivative words (creation of new words).
2) to feel an insurmountable hatred for the language existing before them . . .
And if *for the time being* even our lines are still marked with dirty stigmas of your "common sense" and "good taste", there tremble on them *for the first time* the summer lightnings of the New-Coming Beauty of the Self-sufficient (self-centred) Word.*

This iconoclasm was in the mood of the time and Mayakovsky went along with it. Three years later, in his own little manifesto "A Drop of Tar", he had backpedalled sufficiently from futurism to agree that the movement was dead but at the same time he argued that its effects lived on and were now generally diffused : "Today we are all futurists. The people are futurist."

In fact Mayakovsky's solidity and authority seem to be shown in the fact that for all his originality and formal brilliance as a writer, he was essentially less extreme than fellow-theorists like Kruchonykh, Khlebnikov, and Kamensky, and their work remains of great interest but more narrow and obsessed. Experiments in Russia at this period included visual poetry, sound-poetry, and combinations of the two. All these experiments find some reflection in Mayakovsky's work, but it is others who take them further. With visual poetry, it is not surprising that Mayakovsky should be interested, given his own artistic leanings and his close friendship with a number of well-known artists. His revolutionary play *Mystery-Bouffe* (1918) had set designs and costumes by the suprematist painter Malevich. His long poem *About This* (1923) was illustrated by the remarkable photo-montages of his friend, the constructivist "artist-engineer" Rodchenko. His collection of poems *For the Voice* (1923) was designed and given a stunning typographical layout in black and red by El Lissitzky—constructivist again, and as fresh and eye-catching today as if no fifty years had intervened. Maya-

*quoted from V. Markov, *Russian Futurism: A History* (MacGibbon & Kee, 1969).

kovsky himself, in his first book, *I*, hand-lithographed in 1913, showed his own interest in the visual possibilities of poetry, as may be seen in this translation of the opening section:

> Along the pavement of my soul
> worn out by feet
> the steps of madmen beat
> their hard-heeled sentences
> where
> cities
> are hanged and steep-
> les congeal with their twisted necks
> in the noose
> of clouds
> I go alone and shriek that on cross-
> roads
> they are cruc-
> ifying po-
> lice

Even in that early poem, we see the interaction of eye and ear—the line-breaks doing a certain amount of visual "enacting" of the meaning but also suggesting that the poem must be read aloud in a certain way—and this looks forward to the almost paradoxical volume *For the Voice* (dominantly visual in appearance, yet with poems designed for public performance) and also the general later Mayakovskian habit of "stepping" the lines to indicate a reader's phrasing, though again not without a degree of meaningful stimulation of the eye.

When it comes to the ear, we know from many reports and observers that Mayakovsky was a spellbinding reader, who regarded the auditorium as both challenge and reward. Something of the quality of his voice can still be heard, on what is apparently the only recording commercially available*, where he reads from "An Extraordinary Adventure" ("Vladimir's Ferlie" in the present volume), and although the recording is so bad that the words are often hard to follow, some impression can be got of his scooping and pouncing mastery of pause and

---

Govoryat pisateli, Melodiya 05592(a).

emphasis. "Vladimir's Ferlie" is interesting to hear as well as see, because it has a hidden regular stanza-structure counter-pointed by a continuous narrative-style printing with the lines broken up into irregular lengths. Only the pattern of the rhymes, caught chiefly by the ear, gives away the underlying stanzaic grid; by disguising the grid (which is nevertheless felt) the poet achieves all sorts of subtle free-verse effects that are not really *vers libre* at all.

Mayakovsky deploys aural resources inventively and lavishly, throughout his poetic career. But he never followed his friend Alexei Kruchonykh (whose work he admired and publicly defended) into *zaum,* the "transrational" sound-poetry which involved, in effect, the creation of an imaginary language. Kruchonykh believed that *zaum* could produce "a universal poetic language, not artificially created like Esperanto, but organically born."* Both Kruchonykh and Mayakovsky were agreed about the immense power mysteriously inherent in language, but Kruchonykh's splendidly unWittgensteinian slogan SLOVO SHIRE SMYSLA (his capitals!)†—"the word is broader than its meaning", i.e. a word contains but is not merely coextensive with its so-called meaning, and the glory is in the overlap not the template—must increasingly have seemed to Mayakovsky to burke the problems of the auditorium and of communication.

In the same way, he would accept but not imitate the experiments of his co-futurist friend Vasily Kamensky in visual poetry. Kamensky's "ferroconcrete" poems (the name curiously prophetic of the concrete poetry of recent years) were to him a concentrated but restricting parallel to his own interest in the visual presentation of poetry as a means of increasing impact. And again, the move towards riddle and enigma in the ferro-concrete poems would hamper communication.

What gives Mayakovsky's work its peculiar character, and I think also its peculiar value, is its unusual combination of wild

---

* in his manifesto *Transrational Language Declaration,* 1921.

† in his essay "New Paths for the Word", 1913.

avant-garde leanings and flashes and something of central human concern. A grotesque and vivid comic fantasy is never lost; neither is the sense of pain, of loneliness, of longing, sometimes disguised by creative exhilaration; neither is the sense of history and the role and duty of the poet. He wrote too much, and there is in his long poems some tedious rhetoric and breast-beating. But the tribute of Boris Pasternak, describing his reaction to seeing the self-shot poet in his coffin in April, 1930, stresses his remarkable significance.

> Other people by now had taken the place of those who had filled the room earlier in the day. It was quite quiet. There was scarcely anybody crying now.
>
> All at once, down under the window, I thought I saw his life, now utterly a past-tense life. It sidled away from the window up a quiet street, like Povarskaya, tree-lined. And the first person to be met there, huddling to the wall, was our country, our incredible, impossible country, for ever knocking at the centuries, now accepted in them for ever. There it was, just below me, within earshot. One could have taken its hand. The bond between them was so striking that they might have been twins . . . Of all men, he had the newness of the age climatically in his veins.*

Very Russian, and very modern, is Pasternak's verdict. The two things no longer go naturally together, but they certainly did in the years from 1910 to 1930. What is perhaps strange is that Mayakovsky still seems modern. Ezra Pound was once, like Mayakovsky, extremely active in telling people to "make it new", yet with the passage of time Pound's work seems more and more to be being sucked back into the late Victorian romanticism it tried to burst out of. Pound, of course, although he contributed to Wyndham Lewis's vorticist, sub-futurist magazine *Blast* in 1914-15, was no futurist, and Wyndham Lewis's description of him as "demon pantechnicon driver, busy with removal of old world into new quarters", is a telling pointer to the gulf between Pound's modernism and that of his Russian contemporaries. Mayakovsky was not looking for new quarters for an old world. He had a new world.

---

*Safe Conduct (1931), translation by Alec Brown (Elek, 1959).

At the time of his death he left some verse fragments which movingly bring together the personal and public concerns of the poet. Usually called love poems, they are only partly that. They speak of aging, of history, of the universe; of poetry and the power of words. They even—Shakespearian touch—have a pun. "Tragic" seems an insulting term to apply to them, and they are best left to find their own way and make their own points :

1

Loves me? loves me not? I wring
my hands
            the broken fingers drift away
like petals of roadside daisies
                        withering
plucked to tell fortunes in May
The grey my barber sees is there all right
but even if it all bursts out
                        like silver
I hope—I believe—you'll never find
shameful good sense has sold me down the river

2

Past one already
                you must be in bed
Yet I wonder
            if you too are—
I'm in no hurry
                And why should I send
express telegrams
                to wake you
                        with fear

3

the sea withdraws to its deeps
the sea withdraws to its sleep

As they say the incident is cloves
the love-boat wrecked on reality
You and I are quits
And why again expose
mutual pain affront and injury

4

Past one already you must be in bed
In the dark our Galaxy like Oka's flare
I'm in no hurry and why should I send
express telegrams to wake you with fear
As they say the incident is cloves
the love-boat wrecked on reality
You and I are quits and why again expose
mutual pain affront and injury
See how still now this world is
Night has paid the sky its due of stars
in such an hour we rise we speak to eras
to history to the created universe

5

I know the force of words I know the tocsin of words
I don't mean words for plushy claques in stalls
I mean the kind that clatter coffins forward
onto their four oak legs and walk them off
Oh yes they reject you unprinted unpublished
But the cinch tightened the word bolts away
saddle-bells for centuries and trains crawl up and
snuffle the calloused hands of poetry
I know the force of words It hardly shows
more than a petal kicked by dancers' heels
But man within his soul his lips his bones ...

The translations which follow are in Scots. There is in
Scottish poetry (e.g. in Dunbar, Burns, and MacDiarmid) a
vein of fantastic satire that seems to accommodate Mayakovsky
more readily than anything in English verse, and there was also,
I must admit, an element of challenge in finding out whether

the Scots language could match the mixture of racy colloquialism and verbal inventiveness in Mayakovsky's Russian. I hoped Hugh MacDiarmid might be right when he claimed in "Gairmscoile" that

> ... there's forgotten shibboleths o the Scots
> Hae keys to senses lockit to us yet
> —Coorse words that shamble thro oor minds like stots,
> Syne turn on's muckle een wi doonsin emerauds lit.

Edwin Morgan, Glasgow

Ay, but can ye?

Wi a jaup the darg-day map's owre-pentit—
I jibbled colour fae a tea-gless;
ashets o jellyteen presentit
to me the great sea's camshach cheek-bleds.
A tin fish, ilka scale a mou—
I've read the cries o a new warld through't.
But you
wi denty thrapple
can ye wheeple
nocturnes fae a rone-pipe flute?

1913

Forcryinoutloud!

Forcryinoutloud!
The starns licht up—aa richt:
does that prove some loon hud to hae it?
Does it prove some loon mun want their starnhuid?
Does it prove some loon mun caa it pairls—thon strawn o spit?

And pechin at the sicht
o the fluther o midday stour
he gangs blowtherin in to God,
gangs eerily for fear he's ahint wi his veesit,
gangs snoolin and greetin,
gangs kissin the etairnal horny haun,
gangs beggin for a starn—
wan starn or he mun dee!
gangs sweerin
he canna thole sic starnless miserie!
And syne
feels a curmurrin in his wame
but pits on a calm souch aa the same
and speirs at a sowl passin by:
"It's mibbe no sae bad, sir, hey?
mibbe no sae frichtsome,
whit d'ye think?"!
Forcryinoutloud!
The starns licht up—

aa richt;
does this prove some loon hud to hae it?
Does this prove there's a law intae it,
that ilka gloamin
owre the hoose-tap
wan starn has juist gote to bleeze and blink?!

1913

Fiddle-ma-Fidgin

The fiddle near dwinnilt to naethin wi sichin and beseikin
till wi a blash it burst oot greetin
sae like a wean
that the drum hud to say :
"Weel din, weel din, weel din!"
But it grew weary anaa,
weary o hearin the lang-dringin fiddly-bits,
and slunkert oot into the rid-het Kuznetsky
and daunert awa.
The baun glinkit skancelike at hoo
the fiddle was greetin its hert oot
wi nae words,
wi nae meesure,
and a stupit cymmle by its lane
stertit to bash in some coarner :
"Whit's that?
Whit's it daein?"
But yince the bombardon
(thon
bressy-snootit
sweetin-chookit tuba)
cam blowin :
"Eejut!
Dry up!
Girner!"

I gote to my feet, sprachlt
stacherin amang the crochets,
the frichtit music-stauns aa crunkelt,
cried oot (though guid kens why) :
"My Gode!"
I kest mysel on thae widden shouthers.
"D'ye ken whit, my fiddle?
The gait you're gangin's awfy like my road :
juist like you I
yowp and yowl—
and canny prove a thing to ithers!"
Lauchtir fae the baunsmen :
"Sticky end for him!
A widden wumman for his waddin-day?
—His heid seen tae!"
But me—I dinna gie a doken.
Me—I'm no sae bad, man.
"D'ye ken whit, my fiddle?
We mun—
set up hoose thegither!
Whit d'ye say?"

1914

War Declarit

"Eenin pa-pur! Eenin pa-pur! Eenin pa-pur!
Ger-many! Au-stria! It-aly!"
And a burn o purpy bluid cam wor-
ryin through the squerr, aa black-bordit and drubbly.

Café stramash heezit a bluidy snoot
aa purpified wi skraich o beasts' jaw-banes:
"Poosion the rinnin Rhine wi bluid! Shoot
cannon-thunner owre thae Roman stanes!"

Sherp bayonets laceratit the lift,
the starns grat doon like sievins o grain,
and peety, trampt and traisslt underfit,
squealt: "Ach, lea me alane, alane, alane!"

Generals o bronze on their glintin plinth
implorit: "Lowse us, and we'se be therr afore ye!"
Kisses o depairtin caivalry scliffit ahint.
Fitsloggers fidged for the butchin-glory.

The hiddle and dream o the city began to grue
to the eerie gaffin-gowlin o the guns.
Fae the west the rid snaws fluther through,
toothrife flesh and fell o mithers' sons.

Squad eftir squad swalls oot the squerr,
veins on their broo swall ragein like hards.

"Wait till we dicht, dicht wur dirks owre therr—
on the sleekit hures o Vienna's boulevards!"

The newsboys burst their lungs wi "Pa-pur! Pa-pur!
Ger-many! Au-stria! It-aly!"
And the burn o purpy bluid cam wor-
ryin, worryin through the nicht, black-bordit and drubbly.

1914

Hymn to a Jeddart-Justicer

The convicks sail the Rid Sea, pechin,
oarin the galley through,
rairin abune the shackle-nicherin
a sang o their hame—Peru.

Peru-folk, yowlin o Peru—their Paradise,
the burdies, the jiggin, the tarts,
the croons o orange-flooers ticed
wi the baobab heavenwarts.

Bananas, ananas! Sic a tass o pleesures!
Wine in the bosie o the jaur . . .
Till the judges tuk Peru, like Caesars,
—guid kens for why, or fae whaur!

And the burdies and the jiggin and the she-Peruvians
were aa umbeset by decreets.
The een o the judge are twin tin-cannikins
skancin in a midden. He treats

a blue-and-orange peacock to a luik,
a fish-cauld, lenten glaff—
the grand renbow on the tail o the peacock
like winkie groosit aff!

And nixt to Peru, fleein owre the prairie
are thae wee hummin-burdies :
the judge claucht wan puir colibri
and shaved it to the hurdies.

And nae strath noo has burnin bens
wi fierce volcanic lowe.
The judge tuk up his strathfu pen :
"Nae Smokin in the Howe."

My verse anaa in puir Peru
's unlawfu : penalty, torture.
The judge said : "Ye'll no sell sic a brew
o liquor in this quarter."

The equator grues as the shackles ring.
Peru's loast wings and folk . . .
aa bar the judges, harsk, thrawn, mingein,
cooerin in the laws' cope.

D'ye see the peety o the man o Peru?
Aff-loof they gied him to the galleys.
And the burdies and the jiggin, Peru, me, you—
the judges shak aa wi their malice.

1915

To the Bourgeoisie

Stick in, douce folk.—Pineaipple, feesant's breist :
stuff till ye boke, for thon is your last feast.

1917

The Ballad o the Rid Cadie

Wance upon a time there lived a Cadet laddie.
And this Cadet laddie had a wee rid cadie.

Forby this bit cadie he'd colleckit fae somebody
the Cadet had fient a rid corpuscle in his body.

He thocht he heard a revo—wheesht thought—LUTION, rid
    and bluidy!
The wee Cadet was ready wi his bluid-rid cadie.

Like grumphies in claver lived the haill Cadet caboodle,
the Cadet and his cadaddy and his grampacadoodle.

But up whupt a rouchlin outstrapolous blad o
wind and rippit thon cadie to a shadda.

Cadieless Cadet, black-heidit and shoddy!
The rid wowfs cam and had him wi their toddy.

Aabody kens thae wowfs was no ill-deedie!
But they gowpt him cuffs an aa, like maws at a haddie.

Sae, gin ye pley at politics, my laddie and my leddy,
mind o the ballad o the wee rid cadie.

1917

A Richt Respeck for Cuddies

Horse-cluifs clantert
giein their patter :
crippity
crappity
croupity
crunt.

Bleezed in the blafferts,
wi ice-shoggly bauchles,
the street birled and stachert.
The cuddy cam clunk,
cloitit doon doup-scud,
and wheech
but the muckle-mou'd moochers werna lang
in makin theirsels thrang,
gawpus eftir gawpus, aa gaw-hawin
alang the Kuznetsky in their bell-bottom breeks.
"Aw, see the cuddy's doon!"
"Aw, it's doon, see the cuddy!"
And aa Kuznetsky gaffit.
Aa but me.
I didna jyne the collieshangie.
I cam and kest
a gliff intil
the cuddy's ee . . .

The street's owrewhammelt
in its ain breenges . . .

I cam and I saw
the muckle draps that scrammelt
doon the cratur's niz-bit
to coorie in its haffits . . .

And oh but the haill
clamjamfry o craturly
cares cam spillin and splairgein
fae my hert wi a reeshle!
"Ned, Ned, dinna greet!
Listen to me, Ned—
ye think thae buggers are the saut o the erd?
My chiel,
neds are we aa, to be honest wi ye;
nae man's unnedlike, in his ain wey."
Aweel, it micht be
the beast was an auld yin
and had nae need o a fyke like me,
or was my thochts a wheen coorse for a cuddy?

Onywey
Ned
gied a loup whaur he liggit,
stoitert to his feet,
gied a nicher
and the flisk
o his tail doon the street.
My chestnut chiel!
Back home to his stable
lauchin like a pownie

staunin by the stable-waa
feelin in his banes able
to dree the darg and the dowie
for the life that's worth it aa.

1918

Vladimir's Ferlie

An unco thing that involvit the makar at his simmer
ludgin, the Rumyantsev hoosie, Mt Akula, Pushkino,
eichteen mile alang the Yaroslavl railway.

Twal-dizzen-sun-pooer gloamin-bang,
July ablow the wheels o simmer,
the lift skimmerin
the het day lang—
and on his hoalidays the rhymer.
Pushkino's braes swalled up to meet
the humphy back o Mount Akula;
the clachan sprachlt
at their feet,
and curlt its dry bark-thackit hool. A
hole
gantit ayont the clachan and
withoot a word o a lie, richt in
yon hole the sun wid jouk, and land
hooly and quate at ilka nichtin.
Syne
on the morn's morn
up it flees,
bluid-rid again, to drook the warld.
Day eftir day!
Aweel, thae ploys

began
to get me
fair ensnarled,
and wance I gote my dander up—
aathing richt fleggit and bumbazed—
I cried oot to the sun's face:
"Hup!
Ye're toastit eneuch, auld tarloch-taes!"
I cried oot to the sun:
"Auld truggs!
ay lowtherin work-shy in the cloods—
and me here, pentin posters, the juggs
roon my hass, aa weathers and moods!"
I cried oot to the sun:
"Bide a bit!
Listen, my gowdy-pow, why nut gie
this senseless settin a by,
and sit
wi me
here for a cup o tea!"
—Whit have I done?
I'm loast, I'm sunk!
It's comin towards me,
its nainsel,
on shanks's lowe
wi nae begunk—
across thae fields it shairly mun quell
wi its fiery stoggin: the sun! And me,
I want naethin but to hide my trimmlin,
I mak a wee retreat. But its ee
's in the gairden noo: and noo it's thrimmlin
richt through
the gairden.

Body o the sun!
It burst door, winnock, and winnock-frame:
it brasht and breeshlt
till it wan
its pech, it spak fae the pit o its wame:
"Thon bleeze has never been retrackit
sae faur as this sin I was makkit!
Ye caad me, poet?
Whaur's yir trackie?
I like my jeelie guid and tacky."
My een were greetin wi the heat—
it nearly druv me mental but—
I muttert: "Samovar—"
and "Seat—
starn, sit ye doon, sir,
will ye nut?"
What deil had gied my harn a wrinch
to bawl at him unblate?
Struck dumb,
perched on the coarner o the binch,
fearin the worst was yit to come,
I'm—O, but an unco and preclair
licht cam streamin fae the sun
till
bit by bit
I forgot my fear,
fund my tongue, cam oot o my shill:
I talk to'm
aboot this and that;
near deaved, says I, wi my agitprop,
and the sun says:
"Grantit,
but ye mun tak

a lang clear sicht, and the deavin'll stop!
D'ye think it's easy
for me to shine?
Wid ye try it, eh?
Juist try up therr!—
Gang furrit in
yon eident line—
gang furrit shinin gowd and shair!"
And sae we cracked till it was daurk
—I mean, until it wid ha been,
for the nicht cudny find us.
Nor c-
ud we be mair thick, freen wi freen.
And I loupt up
to gie his shouther
a free and freenly dunt, and he,
the sun himsel, said:
"Weel, dear brither,
there's something jynes baith you and me.
Makar, let's tak
a luik
and a sang
owre this dour warld o fents and scartins.
My sunlicht'll be doon in a spang
wi yours
in makarlike exhortins."
Twa-barrelt solar
gun: kerrrumpy!
Nicht's murky jyle-waas crummle-o.
Ming-mang o licht and rhymer's stumpy,
shine on and never stummle-o!
And gin the sun
sud weary or

the nicht be sweir
and want to snore
in a lang lie—
my licht'll soar
wi aa its micht and answer for
anither ringin
day to daw.
To shine ay and shine aawhere, shine
to the end o endmaist days—
that's aa!
This is the sun's
slogan—and mine!

1920

Respeck for a Lassie

I says to mysel in the gloamin,
why for no? Is she no fair on?
It's that dark naebody'll see
what naebody'll ken.
I leanit owre the lassie, juist,
and juist
as I
was leanin owre
I says to her
(I michta been her faither then):
"The craig o passion's stey,
my dear,
I beg ye stay away,
my dear,
I beg ye stay away."

1920

Mandment No. 2 to the Army o the Arts

That means you—
sleekit baritone-craturs
fae the days o Adam
ginnlin yet,
ginnlin sowls in thae dunnies cried theaytres
wi yir arias o Romeos and Juliets.

That means you—
penters, or is it *peintres,*
like weel-girst gawcy cuddies,
ay nibblin and nicherin, the delicht o Russia,
studio-duddrons,
auld-style draigons
at the limnin o wee flooers and bodies.

That means you—
cooerin wi the mystical leafletfuls,
yir broos aa runklt like plewland—
futuristicos
imaginisticos
acmeisticos
trachlt in moosewabs o crambo-doodlin.

That means you—
chyngin the weel-kaimed

hair-dos to draiglety-locks,
patents to bauchles—
proletcult-chiels
pansin wi patches
yon coatie o Pushkin that taks aa the knocks.

That means you—
hoolachan-hoochin, chanter-chunterin,
giein yirsels like mad folk
or daein a bit o sin hidlins,
wi yir ain spaedom o a future as chunky
as wan huge academical meal-poke.

Wha's tellin ye?
I am—
genius or nae genius,
castin aff my whigmaleeries,
a worker wi the Rosta-charlies,
I'm tellin ye—
afore they tak their gun-butts to expel ye:
Gie it a barley!

A barley!
Bury it.
Splew
on the rhymies,
and on the arias,
and on the rose-buss,
and on aa the ither drumloorachies
fae the arts' arsenals.
Wha's fidgin to ken
hoo—"The poor, dear man!
O how he could love

and what unhappiness was his . . ."?
It's skeely makars,
no langhaired dran-dans
that's necessar noo to us.

Listen!
The morungeous locomotives!
Their maen's blawn in through cracks and flair:
"Gie's coals fae the Don's pits!
Smiddy-men,
engine-biggers to the depot therr!"

Heidwatters o ilka river
hae cairried the gap-ribbit steamers
that gowl through the docks: "Gie here
some ile fae Baku's refeenries!"

And aa the time we clish and clash,
seekin to trap some secret sense,
"Gie us unkent forms!"—the fasht
voice o things waffs its lament.

Whaur noo are the fules
wad staun afore the "maestros", hingin on their mou
for whatever micht devaul on a gawkin crood?
My freens,
gie us an unkent art—art that'll move
this
great republic granin up fae its drumly groove.

1921

Mayakonferensky's Anectidote

Nicht haurdly gane: day loups up:
and ilka morn loup wi't
folk to CENTGEN
folk to GENCOM
folk to COMPOLIT
folk to POLITCENT—
hooses skail, offices fill,
till wow! the papers rin like watter,
and if ye seek some matter—
tak hauf a hunnert—
aye, the maist important!—
the boys wi the pens are gane like whittricks
to committees and cognostins and burroos and statistics.

It is mysel:
"Can I no hae an interview, an audition?
The name on the knock's Tammas Fugit, ye ken—"
"Comrade Ivan 'vanich is at a session
of the Union of KINPROP and KULTADMIN."
I stummle up a hunner sterrs.
The licht's kinna dim.
Yince mair:
"They say, come back in an hour.
They are all in session, in conference:
subject, purchase of ink-bottles from
GOVCENTCOOP-ink-bottle-shop."

Eftir an oor—
fient a scriever-chiel,
fient a scriever-lassie—
juist hee-haw.
Ablow 22, they're aa
awa to a session o the KOMSOMO'.

Up I sclim till the nicht's abune me,
tapmaist storey, tapmaist o seeven.
"Can I no see Comrade Ivan 'vanich noo?"
"No, not even
now. In session, in conference, on committee
A and B and C and D and E and F and G and H. Pity!"

Fair scunnert,
in on their sederunt
I breenge like an avalanche, disparplin
my fremit aiths on ilka haun,
when glowff!—
folk cut in hauf, sittin aroon—
bluidy cantrips o auld Mahoun!
And whaur, whaur's their ither hauf?

"It's the slashers!
They're deid!"
I'm ramfeezelt noo, I rair and I bawl,
I'm no concos-mancos wi that grugous sicht.
But a wee wee voice, a wee prignickity
voice o a scriever-cum-key-skelper: "All
the people you see are at *two* conferences; indeed,
they have daily
to attend twenty;
and thus, willy-nilly,

44

and quite literally,
they must tear themselves apart to appear.
Boots to belt—elsewhere.
Belt and above—in here."

I canny sleep for waumlin thochts.
Nicht's haurdly gane.
Day loups. I see't aa plain :
"Oh for
yin mair
sederunt to convene
to congree to conclude
to comblasticastraflocate sans avizandum
ilka sederunt and tap-table-tandem!"

1922

I'm aff

Ticket—
        sneck.
            Cheek—
                peck.
The whussle blaws,
          we've breenged awa
whaur
       thae warld-troddlin wemen
                 traik
like a herring-drave in their hose-net.
                    Caa
the-day
       wur weirdie-heidit guest,
but gie fair focus
          to the morn's-morn's pow:
a toon
       and a mou
           are beslaistered at best
by the selsame
         telltale cosmetical lowe.
The gay linties
        rin to this faur-aff airt.
Paris has naethin
        the girner gets!
Paris—

Place de l'Etoile—
saired
by sic starns,
its Estelles, its vedettes!
Gang whusslin,
skirr and skaig
and slash
through Liége
and roon by Brussels toon.
But it's Brussels,
Paris,
Liége
that fash
and slash the hert
o the Russkatoon.
Gin this
was a sledge
to pit my cares on,
my feet in snaw
like a page o the papers . . .
a whusslin
fae the steppes o Kherson
to cairry me
wi the snaw-capers . . .
—The wee lowes in the loanin,
the gloamin,
the faur road:
the hert stounds wi its longin,
in the breist
a sair load.
Och, but yin mair,
yin mair
dance, mair feck o versin!

Och, but yin mair,
                    yin mair
crack o rhymes, Mayakpherson!
Och, but yin mair,
                    yin mair
mony mair nor yin therr . . .
—Folk
        fae ilka kintra and clime,
eidently *cultive*-in their *jardin*,'ll
say,
     when they see me
                    doiter and dwine:
Thon yin's bluid's
                in a fell brangle!

1925

Versailles

This is the road,
                        aye.
                                    Whit coontless Louies
hae banged alang it to the palace-yetts,
jossichin
                their twinty stane
                                    o moolies
amang the silks
                    o their gildit chariots!
And it was by here,
                        fliskin the jynts
o his ain hurdies,
                        the Marseillaise in his ears,
his croon kaput,
                    his breeks tint,
the Capet
            gaed fae Paris
                                in a breese.
Noo
    Paris
            taks its pleesure on it,
caurs flee by
                in a glintin stream . . .
wee hures,
                landlords fu o grace and the gear o't,

Americans,
        and me.
Versailles.
        A blash o eloquence:
"Bygode thae deid-yins done theirsels weel!"
Palaces
        wi thoosans o buts and thoosans o bens
and a bed
        and a brod
                in ilka shiel!
Ye canny bigg
        like this
            again—
no if ye staw
        a haill life for it.
And see
        ahint the palace,
                scattert like rain,
juist to mak shair
        that their air
                had a surfeit
o douceness and nae foof:
        lochans and foontains,
                and mair
lochans wi foontains wi—
        losh!—
           bronze taeds.
Aa roon,
        for gentle kittlin
             o genteel *moeurs,*
the loans
        are hoatchin wi stooky shades:

Apollos aawhere,
         and thae
                Venus-susies
withoot their airms—
           loads o them tae.
And further on,
        the ludgins
                for their Pompadusas—
the Muckle Trianon
          and the *Petit*.
Here's whaur
        Pompadoris
                was taen for her douche, and she's
beddit here
        in the wee Pompadorchester suite.
I mind me o life—
           och, but whit's new, whit's new?
Sic "beauty"—
          luik hoo it teases mense and sense awa!
Is it no like gaein
          plap
            intae a Benois
wattercolour,
        or amang the bit verses o Akhmatova?
I watched it aa,
          I fund the feel o things.
Aa yon grand
        beautiosity, and yet
what drew me
        maist of aa
           was the grim dint
on a smaa table-tap
        o Marie-Antoinette's.

Thon wadge
   was druv in
      by the bayonets
o the revolution,
    to a dance and a sang,
when
  the queen-quyne
      was steery-fyked alang
by sansculottes
    to the widdy steps.
I luik
  at it aa—
     enviable vistas and blinks!
The gairdens enviable,
     sae deep in roses!
O for sic
   culture noo—
      siclike, but distinct,
biggit to the new virr
     and breenge o the machine!
Aff
  to the museums
     wi thae royal closes
and single-ends!
    Lat's see
      the gless and steel
o a workers' palace,
    wi a million rooms to fill,
sae bricht
   it hurts the een.
For the edification
     of aa
      that hae still

                                    nae lack
o coupons or cunyie,
                  aa the kings that hae still—
                                    their braith,
the sun lolloped doon
                  fae the blue guillotine wi a swack
like the Antoinette's heid,
                    bluid-gowd
                            on thon stane back-claith.
The thrang o chestnits
                  and lime-trees
                        was soomin adrift,
wee leafs toused
              to the ghaist o a fleece.
In the bodiless nichtcap
                  o gloamin,
                        the lift
pu'd up
          Versailles' museum-sheets.

1925

A Fareweel

The caur's here,
                    the last franc's been chynged.
—Whit time dae we set aff for Marseilles?—
Paris
        rins alangside
                        to keep me in rynge
o aa
        the unpossible bonnyness o its face.
Watter
            o pairtin,
                        come to my een,
split
        the hert
                    o the sentimentalist!
It's Paris I wad choose
                        to live
                            and dee in—
gin there was nae sic warld
                        as Moscow
                                to miss.

1925

The Atlantic

Spain blins the ee
                    wi its white stane,
its waas staun
                    like teeth on a saw.
Till twal,
            the steamer lined its wame
wi coals,
            and drank fresh watter an aa.
The steamer's
                    airn-ticht snoot
                                    gied a trimmle
and at wan o'clock
wi a snort,
            up-anchort
                        and oot o the dock.
Europe
        began to hiddle and dwinnle.
Sloggs
        o watter
                rin by the sides,
huge-boukit,
            like anno-domini.
Burdies in the cloods,
                        fishes in the tides,
but aa roon—

                    watter's drummlin me.
It's swoochin and wallochin
                              fae thon athletic
breist,
        whiles workin eidently,
whiles
        fu as a puggy:
                    the Atlantic
Sea.
"O to jink up t' th' Sahara—
brithers, richt into my barra . . .
Brak oot, spit doon,
steamer's ablow.
I want it—droont,
I want it—I dinna, though.
Gang dry up-by—
fish-soup mun byle.
Ach, d'we need fowk?—
owre skinny for a denner.
Aaricht,
          sail on the gowks,
I'll no touch a finger . . ."
Soun o the waves
                  maks deck-hauns eerie:
stounin them
            wi their bairnhuid,
                            or the voice o their dearie.
But me:
        I'd raither
                  unwap the flags yince mair.
It's brocht us
            its trauch-trattle,
                              its ramfoozlin rair.

Suddently
   the watter's
      gane lown and gless-clear,
wi fient a doot left
     for ony hert here.
And then,
   wow—
     and the deil kens fae whit airt—
the wattery
    Revcom
     loups oot o the deeps.
And a guaird o draps—
      watter-partisans—sterts
up,
  heich,
    heich up fae the rummlin streams,
in a hurl to heaven,
      syne in its doonfaa sweeps
skelpin the purpie o the faem to smithereens.
Again
   the watters are soldert into wan,
till a wave's
    commandit
      to buller up aheid,
and the huge
    clood-hoodit wave
      spangs doon,
skailin
  a shooer
    o slogans and decreets.
And the waves
    sweer
      to the central widewatter-committee :

Storm-wappins'll never
                    be quaet until we've won!
Won whit?
            This circumequatoriality
o the draps o the Soviets michty unner the sun.
The last wee waves in their peerie assemblies
are bummin
                aboot something
                            in the grandest style—
the ocean's
            gien them
                    a weel-washt smile
and liggs
        for this oor
                    tranced fae its tempests.
I luik owre the rail.
                Fecht furth, my freens!
At the fit o the ladder,
                    slung therr
                            like a bit fretwork brig,
juist whaur the oceanic undertakkin begins,
the districk wave-committee's
                        steamed up
                                guid and thick.
And underwatter a thing's growin,
                        strang but wary-like,
a palace
        o the skeely
                    coral-craturs,
to lichten the burden
                    for workin whale-wives,
disjaskit jock-whales
                and garten-whale-kinder.

Noo
    some hae laid doon
                a path for the moon,
to mak it crowl
            on its kyte
                like a lubber.
But the enemy'll
            no nip in therr—
                    it canna move
ayont
    the unwinkin
            watchfu Atlantic ee.
Ye chitter, whiles,
            in the skimmer o the moon-lacquer,
and whiles ye're hooin,
                droont in the faem o wounds.
I luik—
      I luik—
            and ay I find the sea,
the samin sea,
        the neebor sea,
                the loo'd sea.
Your gurly braith
        ay gies my ear its secrets.
Gled am I
      to owreset ye
            in the een.
O in the braidth—
            in the act—
                in the bluid—
                      in the speerit
my elder brither,
        my revolutionary freen!

1925

Brooklyn Brig

Coolidge ahoy!
Can ye shout wi joy?
This makar'll no be blate
                    at namin
what's guid.
            Blush rid
                    at my praises, you s-
uperunited states-man—
                    rid
                            as the flamin
flag o Sovetsky Soyuz.
Like a cracked sanct
                hirplin
                        to his kirk,
to some stere,
            semple
                    Culdee wig-
wam o stane,
            here
                in the grey dwam and mirk
o gloamin
            I set fit doucely on Brooklyn Brig.
Like a conqueror
                enterin
                        the toon he has taen,

the swanky
            ridin his cannon-rig
its giraffe-snoot cockit,
                        I'm fu wi glory, I'm fain
o life,
      I'm prood
                  to sclim on Brooklyn Brig.
Like a daft penter-chiel
                        that digs an auld-maister's
madonna wi his sherp lovin een,
                              I trig-
ger my sicht
            fae the airy
                        starn-thrangsters
doon
      through aa New York
                        by Brooklyn Brig.
New York,
            pechin
                  in daylang ure and stour,
pits by
      its trauchle noo,
                        and its giddy waas
shaw nane but freenly spooks
                        that skoor
the lichtit windaes
                  wi hamely-glintin claws.
Ye can juist hear
                  the grummle
                              o the rummlin El,
and up here
            there's naethin
                        bar that laich grummle

to tell
  hoo trains
     are traipsin, clatterin fell,
like ashets in a press
      flung thegither in a tummle.
See the shopkeeper
    humphin his sugar fae
a mill
  that seems
     to loup oot o the stream—
while
  masts gang furrit unner the brae
o the brig
   nae langer nor preens.
It's prood I am
    o this
      wan mile o steel,
my veesions here
    tak vive and forcy form—
a fecht
  for construction
     abune flims o style,
a strang
   trig-rivetit grid,
      juist whit steel's for!
And if
  the feenish o the warld
      sud come
and chaos
   clout the planet
     to smithereens
and the wan thing
    left staunin

                              in the sun
sud be this brig spreedeaglt owre the reeky stanes—
then,
        as a hantle
                        o puir peerie banes
swalls
        to a curator's
                        vaudy dinosaur-chaumer,
sae
    fae this brig
                    some faur-aff geologist yonner
in the centuries'll
                    bigg up
                            the haill warld o oor days.
He'll say :
            "See thon
                        muckle steely paw—
it jyned
            the prairies to the seas; fae this end
Europe
        breenged Westwart, Westwart,
                                        blawin
a flaff
        o Indian fedders
                            doon the wind.
See
    the rib therr—
                    minds me o a machine;
I wunner,
            staunin wi a steel-fit grup
in Manhattan,
                wid the hauns rax
                                    steeve and clean

to hook and rug owre
                    Brooklyn
                              by the lip?
And see
        the electric cable-strands—we ken
it's eftir
        the James Watt era,
                              that here
the radio
        hud fouth
                    o bummin
                              men;
and planes
            were fleein
                        through
                              the atmosphere.
Here,
      some folk
                fund life
                          a gairden-pairty,
ithers
      a lang-drawn
                    tuim-wame
                              granin-time.
Doon therr,
            the workless pairted
fae it,
      heid first
                into the Hudson's slime.
And noo . . .
            noo the eemage
                              gaes sae clear, sae faur
it skimmers on the cable-strings

                                     richt to the feet o the starns.

Here in my een

            I can see

                   Mayakovsky staun—

he stauns as a makar,

                the syllables jow in his harns—"

—And I'm gawpin still

                  like an Eskimo at an injin,

like a cleg at the neck-band

                    drinkin it aa in.

Brooklyn Brig—

man . . .

      that's BIG!

                                          1925

Whit Mair?

Wi a douce bit sush
              I unsneckit
a newspaper's een . . .
Aa the frontiers
           ay reeky and bleckit
wi pouther and pain.

Naethin in this
          to the twinty-year laddie,
bairn o the cavaburd.
We canna dance to sic news,
              but naebody
dwines
    at its ill word.

Lown watter scunners man's history.
Ill-willers
     and wars
we shed
     in oor undeemous trajectory
like faem
    the keel scaurs.

1927

Goavy-dick!

Perjink and roon
                         like the arse o a barrel,
the moon
             stood owre
                    Livadia Palace.
It sparplt oot-owre
                   the thristy warld—
erd,
     sea,
             Livadia—the spail o its chalice.
Noo the tsar's palace
                    is a workers' sanatorium.
The moon's fair beside itsel,
                         up like a daftie.
Een
     gawp oot
                 fae a sonsy bap-face
at posters on palace-waas: IN THE AUDITORIUM
APPEARING TUESDAY
COMRADE MAYAKOVSKY.
Thon tyrannous laird
                  juist here,
                       and here,
swufft through his salons
                   and billiard-haas,

but the gurr

        o Romanovs

                in the scorer's ear,

cuein

     their baa

           mang the la-di-das

nicherin

      aboot them,

             disny unchance me.

My spiel to the moujiks:

              "Verse—form and content!"

—The skellat.

      The moon-siller's

             fadin and tarnishin.

Under the Mazdas

        I

      staun at the rostrum.

Facin me,

     folk fae Ryazan,

           fae Tula,

sit straikin Slavonic bairds,

         dashin

their Auld Russ lintlocks back fae their foreheads.

Their faces are frank,

        mair open nor an ashet,

they lauch when they sud,

        and when they sud,

             luik dooly.

Wid that the man

      wha disprizes

         the Soviets

cud be wi me here,

      near drunk wi gledness:

palaces
       read in,
             and no in stories!
Whit's read?
           Poetry!
               In whase ears?
                        Peasants'!
Nae ither kintra
             can yit maik this—
whaur else
        wid sic dreams
              no be whims?
I
  see it aa
          as a miracle—
whit's here,
         and whit's still makable!
Luik:
       eftir my talk
               twa moujik-bodies
buirdly as elephants
             are daunrin awa:
they sat doon
         thegither,
            ablow the gless baa,
and the wan
        to the tither
              made
                 this observe:
"Well, Mac, he guv us
a nice
       wee rhyme
          in yon last bit o verse."

—And lang the Livadians
                        bizz like bees,
on their yalla loanins,
                by the blue bit sea.

1927

Eupatoria

O for the souch o the seas
                          and the glory o
the breeze
            that waffs owre Eupatoria!
(By-ordnar kindlike
                      in its peripatorium
it kittles
          the cheek o the haill Eupatorium.)
We'se lie
          on the *plage*
                          and plouter at the sandy-pats,
broichin and bronzin
                      wi the broon Eupadandycats.
Skellochs
          and splish-splash
                              and the skraich o rollocks!
The joukin swankies,
                      the Eupajollocks!
Smeek-black broos
                  o Karaite Jews
wi their skyrie bunnets
                        and Eupataptoos!
And him,
          fair pechin for as dark a skin,
puir Muscovite-
                  Eupataryan!
Aawhere, roses
                on jimpy shanks,

and joyfu weans
                    at their Eupajinkajanks!
Ilka seikness
            cries Kamerad
                            uncondeetional
to the glaury plaisters
                    Eupamedeecinal.
Ilka kyte
            kests twa stane to Kilquhanity
in the rummle-and-pummle
                        o Eupatorianity.
It's a peety
            for aa the ither
                        sanatoria.
Man, there's juist nae place
                        like Eupatoria.

                                1928

May Day

(A wee sang for laddies and lassies)

Leafikie leafikie green!
We ken the winter's awa.
Lat's gang
            whaur's the swire's as bricht's a preen,
me
      and you
                  and us an aa.

Luik at the spring, hingin
her washin owre the schaw.
We'se gang and rin, rinnin and singin,
ying,
        singin,
                  springin an aa.

A lowe on the paper the-day!
A lowe on the sheets by the waa!
Lat's cairry a lowe mair rid nor thae—
flaggies
            and banners
                        and streamers an aa.
Lauchin the spring skelps through
the streets as bricht's a baa.

We'se gang richt furrit like sojers noo—
you
    and me
        and us an aa.

1928

Anent the Deeference o Tastes

A cuddy,
           goavin at a camel,
                              lauchit:
"Whit
       kinna cuddy's yon,
                          aa bim-bam-bauchlt?"
The camel skrieked:
                    "Ye caa yirsel a cuddy?
Ye're naethin
              but a scrunty
                            shilpit camel!"
—Ach,
       lat auld Frosty-Pow abune unscrammle
the twa puir craturs;
                      he
                           kens the brose fae the gundy.
                                          1929

Awa wi it!

Auld makars' clarsach-pluck
                              was fine at shawin
war's eemage
                sae enviably braw :
lang merches—
                    exploits—
                                    to a choir and a baun!
The lasses gawp
                at a gowd uniform.
Through smilin moothies,
                          een in constellations,
hussars gang furrit
                    in whiskert formations.
Prance through the fecht—
                            and soon
                                        ye'll be vaunty
wi epaulettes
                and pips
                            and the gift o hauf a county.
But dee
        if ye like
                    in the on-ding o cannon—
the future's ay
                a dab haun
                            at the cenotaphin.

Aye,
    and even the-day
                there's some will champ
at the rhymer's bit,
           and lee
                like the faither o lees:
"Clad in beauty,
          men of beauty's stamp
carried
    their bodies . . ."
Braw is it?
        Danke schön for the harp
ye wheedlt sic braws oot o,
                wi sic ease!
War and warcraftiness
            that makars hae glorifyit
makars noo mun disludge
          till they're despisit.
War
    is yon wind
        that stinks wi hiddled corpses,
war
    is a factory
        that turns oot paupers.
It's a lair,
      and nane
          can meesure its sides.
It's glaur,
      hunger,
         typhus, and lice.
War
    shaks its moneybags
           for the rich,

77

but for us
       it's the castanet-chap
                 o a crutch.
War's
    a mandment,
          war's
             a manifesto :
"Burds and wives
        ye'll gie
             a prosthetic caress to !"
Owre aa this planet,
         my people, my brithers,
mak this proclaim :
        that war sall wither.
And ony time it's necessar
         to ding doon
             cliques
o governors
    or governments
          for the guid peace o the warld—
tak that
    in yir stride,
        O proletarian chiel
for ye are the crier and forerider
          o the peace o the fauld.

1929

Comrade Teenager!

A thoosan years
                God's gorbies gied
fae the kirk-steeple the jow o the Wey:
"Time eneuch when ye're a man, my lad,
juist you rin ootside and pley.
Lat the knout
                dislade its blad,
beggars' shouthers arna shy.
Time eneuch when ye're a man, my lad,
juist you rin ootside and pley.
Lat be the murk that knaws nae gleed,
lat be the waes that gar men cry—
time eneuch when ye're a man, my lad,
juist you rin ootside and pley."
In wan word,
                ma mannie,
be a wee modest flooer,
smell sweet to yir mammy,
nae mair's
                in yir pooer.
Comrade
        o the Higher Grade,
flee fae sic a masquerade!
Think o the Commune
                that caas us furrit noo,

we mun close ranks—the auld yins,
                  the kiddies,
                          the men.
Comrade teenager,
           ye arna a babby-boo;
be a bonny fechter—
           a committit man,
                ye ken.

1930

Wi the Haill Voice

Weel-respeckit
                    comrades o posterity!
Gin yir archeological scaffies
                              seekin licht
on oor benichtit days
                    come scrungein thir clairty
petrifacts,
          ye'll aiblins
                    find me in yir sicht.
Wha's yon, ye'll speir.
                         And a boffin'll be bummin
abune the bizzin skep
                    o aa yir speirin
hoo this was wance
                    "some bylin-bauldit strummer,
hert-seik o aa unbylit watter-fairin".
Professor,
          tak aff thae bicycle-spectacles!
I'se shaw ye the age,
                    and gie ye
                              my ain credentials.
Aye, I'm the watter-cairt,
                         I'm the sanitary,
mobileezit,
          caad up to the front.

l gaed therr
   fae the posy-nurseries
o Poesy—
   a fleery-flichtry bint.
Her wee bit gairden was as mim as its gairdner—
denty dochter,
    simmer cotter,
      loch watter,
        laich lauchter.
"Alone I garden all my garden,
alone I'll water it and sort it."
Some crambo squeeters through a watterin-spoot,
some makars
   skoot it fae distendit cheeks.
Squirblesome Berrymans,
     Betjemanly squerrs—hoots,
wha can untaigle the dreichs fae the dreeps!
Sic a collieshangie's no quarantinable.
Unnerneath the waas there's an endless concertinaful
o tring-trang tyandy-andy
a-a-nnie.
Puir honour,
   that ony stookie or bronze o me
sud glowr up fae sic rose-beds,
     in thir streets
whaur hoasts rack fae the thrapple o T.B.
owre hures and clap
   and vandals and deadbeats.
I'm fair stawed
   wi agitprop,
    ye ken,
and naethin
   wid be nicer—

or mair profitable—
nor I sud screeve ye True Romances,

hen.
But och,
I've maistert mysel therr,

I've stapplt
the hass o my sangs
wi my ain pen.
Gie me yir ears,
comrades o posterity!
The voice o the agitator,
the heid-hauder-forth!
Wi a dam
for aa rintheroot poesy-froth
I'll spang
owre the leirichie-larachie ballatry-
buikies.
Lat the livin hear livin braith!
I'll reach ye
in yon communistic hyne-awa.
I'm no
some yestersingin messeniniah-gent.
My verse'll reach ye
owre scaurry century-raws,
owre heids o makars—
and o governments.
My verse'll reach ye,
but it winna reach ye
like shots
fae fidgin Cupid at the clarsach,
and no
like the numismatist's dim bawbee;
licht fae a deid starn'll no be its farroch.

My verse
       will tyauve
              and brak through Grampian time
and shaw itsel—rouch,
            wechty,
                sichty,
                   like
some aqueduct
         survivit
           sin langsyne
when Roman slave-chiels
             biggit brick and dyke.
Ye rug and runge
         through brochs o poem-buiks:
gin ye sud find airn arra-heids o rhyme
tak tent:
       and gie them the respeckfu luiks
ye'd gie a wappin
           as auld in bluid as grime.
I'm no
    a dab
       at fleechin
           wi douce words;
wee
   curly-haslockt lassies' earickies
gae-na rid here
       fae hauf-obscenities.
My pages are fechters
        I pit on parade,
my lines are front-lines,
         I vizzy them lang and hard.
Leid-solid
     stauns this verse,

                  ay preparit
either to thole daith,
              or win daithless merit.
Prent-fundit poems
            rankit gruntle-to-gruntle
aim at the warld
          their gunnin, gantin title.
Sherp wit,
       the best-loo'd airm of aa,
first in the skirl and chairge,
            will shaw
its caivalry
      in an eident frieze,
heezin
    rhyme's weel-whettit spears.
And aa
      thir battalions, airmit to the teeth,
wi twinty year
        o victories to rally at,
I'd gie them,
        doon to the jimpest, last broadsheet,
to you,
    the planetary proletariat.
An enemy
      o the mass o workin men
is the auldest enemy
         I ken mysel.
I mind
   we hud to gang
           wi the rid flag, when
days gaed hungry
      and years were dour and fell.
We unsteekt

    aa the buiks o Marx,
            as here
we'd lift
    the shutters
        for the licht o the hoose,
but och,
     we didna need the readin to see
whase camp to fecht in,
         and which wey to choose.
It wisna Hegel
      lernt us
       dialectic.
Thon brak into wur verse
        fae the stramash
o battle-bullets,
      the bourgeois
         rinnin hectic
fae us,
   or us fae them,
        in some sair stash.
Lat glory,
    like a widda,
       wring her hauns,
traipse to deid merches
       ahint ilka genius—
dee, verse o mine,
      dee like the swaddie, the wans
that foonert nameless in wur forays!
         Be-na as
the bronzes, ton-prood: I'd tapple them.
         Be-na
as the marble, sleekit: I'd scuttle it.
       My people—

are we no wan folk?—

                  lat's settle wi glory, in a

monument

           that we baith in wur deep truible

biggit thegither :

              socialism,

                        unpairtable.

Posterity,

          track back the scum o yir word-leets :

plaffin

        through fae Lethe,

                  sic slypes o the mou's moribundum

as "prostitution",

            "blockade",

                    "tuberculosis".

For you

        that are hale and swanky,

                  an orra body,

a makar,

        wi the coorse

                tongue o a placard, sits

labberin spit fae phthisis-slaurie grund.

                  Aye,

at the tail o the bank o time

              I'll pass for a monster

fossileezed

        wi my antediluvian tale.

O comrade life,

          lat's tak the traverse faster,

the five year plan's

           last days

              are brawly taen !

Aa my bit verse

        hasna massed me
                    a maik,
auld Wily Lochheid
            gies my hame nae plenishin.
Lea me
      a clean-launert shirt to my back
and to tell ye the truith,
               I dinna need anythin.

When I compear
          at H.Q.
              in the gleamin
                    years to come,
I'll haud owre
        the crambo-gang
              o grafters and crafty-buits
as a bolshie'd haud up his Pairty caird,
               the sum
o my hunner-volumed
        Pairty
          poetry-buiks.

                    1930

GLOSSARY

ablow: *below*
abune: *above*
aff-loof: *offhand*
aiblins: *perhaps*
airn-ticht: *iron-tight*
airt: *direction*
aith: *oath*
ashet: *dish*
avizandum: *judicial consideration*

bap: *kind of flat roll*
bauchles: *old shoes*
bauchlt: *misshapen*
bauldit: *strengthened*
baun: *band*
bawbee: *halfpenny*
begunk: *trickery*
beslaistered: *daubed*
bigg: *build*
birl: *spin*
blad: *blow*
blaffert: *blow, gust*
blash: *burst*
blate: *backward*
bleckit: *sooty*
bleezed: *hit*
blowther: *blunder, plunge*
boke: *vomit*
bord: *border*
bosie: *bosom*
bouk: *bulk, body*
brangle: *tangle*
breenge: *burst, rush*
breese: *hurry*
brod: *table*
broichin: *sweating*
brose: *porridge*
buirdly: *well-built*
buller: *boil and bellow*
bummin: *buzzing, droning; boasting*

burroo: *office*

cadie: *cap*
camshach: *crooked*
cantrip: *magic trick*
cavaburd: *blizzard*
cheek-bled: *cheek-bone*
chitter: *shiver*
clachan: *village*
clairty: *filthy*
clamjamfry: *mob*
clanter: *clump along as on clogs*
claucht: *caught*
cleg: *gadfly*
cloitit: *fell heavily*
cluif: *hoof*
cognostin: *conference*
collieshangie: *uproar, squabble*
compear: *appear (in answer to a summons)*
concos-mancos: *compos mentis, sane*
coorie: *nestle*
crack: *talk*
crambo: *verse*
crunkelt: *crumpled*
crunt: *quick heavy blow*
cuddy: *horse*
Culdee: *early Christian order in Scotland*
cunyie: *money*

darg: *(day's) work*
dauner: *stroll*
deaved: *deafened*
denner: *dinner*
devaul: *fall*
dicht: *wipe*
ding doon: *overthrow*
disjaskit: *exhausted*

dislade: *unload*
disparple: *scatter*
doiter: *totter*
dooly: *sad*
doonsin: *big*
douce: *good, respectable; soft, fresh*
doup-scud: *falling with a thump on the buttocks*
dowie: *sad(ness)*
dree: *endure*
dreep: *drip*
dreich: *dreary*
dring: *sing slowly*
drook: *drench*
drubbly: *muddy*
drumly: *muddy*
drummle: *confuse*
duddron: *sluggard*
dunny: *den, dungeon, dump*
dwam: *swoon*
dwine: *waste away*

eejut: *idiot*
eident: *attentive*
erd: *earth*

faem: *foam*
farroch: *source of strength*
fash: *trouble*
feck: *abundance*
fents: *rags*
ferlie: *wonder*
fidge: *itch, fidget*
flair: *floor*
fleggit: *frightened*
flisk: *move restlessly*
foof: *stink*
foonert: *foundered*
fouth: *plenty*
fremit: *strange*
fu as a puggy: *very drunk*
fund: *found*
furrit: *forward*
fyke: *fusspot*

gaffit: *guffawed*
gant: *gape*
gawcy: *plump*
gawpus: *gaper*
gin: *if*
ginnlin: *tickling, catching*
girn: *complain fretfully*
girst: *pastured*
glaur: *mud*
gleed: *spark*
gliff: *glance*
glink: *glance*
goavin: *staring*
goavy-dick!: *wow!*
gorbie: *raven*
gowdy-pow: *golden head*
gowk: *fool*
gowl: *howl, growl*
granin: *groaning*
greet: *cry*
groosit: *shivered*
grue: *shudder*
grugous: *horrible*
grumphie: *pig*
gruntle: *snout*
gundy: *toffee*
gurly: *rough, growling*

haddie: *haddock*
haffits: *mane*
hards: *porridge-scum*
harn: *brain*
haslock: *fine hair*
hass: *neck*
hee-haw: *nothing*
heeze: *hoist*
hiddle: *hidden workings*
hidlins: *secretly*
hirplin: *limping*
hoast: *cough*
hoatchin: *swarming*
hoo: *moan*
hool: *shell, covering*
hoolachan: *Highland reel*
hooly: *gently*
howe: *valley*

hurdies: *hips*
hyne-awa: *distance*

injin: *engine*

jaup: *splash*
jeddart-justicer: *prejudging judge*
jibble: *spill*
jimpy: *slender*
jossich: *shake violently*
jouk: *duck*
jow: (i) *knell*, (ii) *toll*
juggs: *iron collar*

kittle: *tickle*
knock: *clock*
kyte: *paunch*

labber: *slobber*
laich: *low*
lair: *grave*
leirichie-larachie: *cliquily lyrical*
lift: *sky*
ligg: *lie*
lintie: *linnet*
loan, loanin: *lane*
loo: *love*
loon: *fellow, bloke*
lowe: *fire*
lown: *calm*
lowtherin: *loitering*

maik: (i) *match*, (ii) *halfpenny*
makar: *poet*
maw: *seagull*
mense: *respect*
mim: *prim*
mingein: *wretched*
moolies: *crumbling flesh* (lit. *earth*)
morungeous: *bad-tempered*

nicherin: *whinnying*

on-ding: *attack*

pansin: *dressing*
pech: *pant*

peerie: *small*
perjink: *neat*
plaff: *burst*
plouter: *dabble*
pouther: *powder*
pow: *head*
preen: *pin*
proclaim: *proclamation*

quate: *quiet*
quyne: *girl*

rair: *roar*
ramfeezlt: *confused and exhausted*
ramfoozlin: *disturbing, maddening*
rax: *reach*
reeky: *smoky*
reeshle: *rustle*
Revcom: *Revolutionary Committee*
rid-het: *red-hot*
rintheroot: *dropout*
Rosta: *Russian Telegraph Agency*
rug: *tug*
runge: *rummage*

sair: *serve*
samin: *same*
scaffy: *dustman*
scartins: *scrapings*
scaur: (i) *scare*, (ii) *scar*
scaurry: *rocky*
schaw: *grove*
scliff: *shuffle*
sclim: *climb*
scriever-chiel: *clerk*
scriever-cum-key-skelper: *shorthand-typist*
scunner: *disgust*
sederunt: *meeting*
shiel: *hut*
shilpit: *thin, puny*
shoggly: *shaky*
sichin: *sighing*
sichty: *striking*
skaig: *go along briskly*

skail: *empty, scatter*
skeely: *skilful*
skellat: *bell*
skelloch: *shriek*
skimmer: *shimmer*
skirr: *scurry*
skoor: *scour*
skyrie: *gaudy*
slash: *walk roughly through mud and rain*
slaurie: *muddy*
sleekit: *smooth and sly*
slype: *wretch, wretched thing*
smeek: *smoke*
sneck: *punch (a ticket)*
snool: *snivel*
sonsy: *thriving and pleasant*
soom: *swim*
(calm) souch: *quiet demeanour*
Sovetsky Soyuz: *Soviet Union*
spaedom: *prognostication*
spail: *guttering*
spang: *bound, spring*
sparplt: *scattered*
speir: *ask*
sprachlt: *sprawled*
squirblesome: *trickily intricate*
stacher: *stagger*
stapple: *plug*
starn: *star*
stash: *encounter*
staw: *stole*
stawed: *fed up*
steery-fyked: *rushed in a riot*
steeve: *firm*
stere: *austere*
stey: *steep*
stoggin: *stab, thrust*
stooky: *plaster statue*
stot: *bull*
stour: *dust*
stramash: *uproar*
stumpy: *pen*
sush: *rustle*
susy: *body*
sweetin-chookit: *sweaty-cheeked*

sweir: *loath*
swire: *dip in hill*
syne: *then*

taed: *toad*
taptoo: *bright head-ornament*
tarloch-taes: *lazybones*
tass: *mass*
thae: *those*
thir: *these*
thole: *bear*
thon: *yon*
thrang: *numerous*
thrapple: *windpipe*
thrawn: *obstinate, perverse*
thrimmlin: *threading*
tint: *lost*
toused: *ruffled*
trackie: *teapot*
traissle: *tread down*
trauchle: *drudgery*
trauch-trattle: *monotonous chatter*
truggs: *lazy worker*
tuim: *empty*
twal: *twelve*
tyauve: *struggle*

unblate: *freely*
unco: *strange*
undeemous: *extraordinary*
unsneck: *unlatch*
unsteek: *open*
ure: *smog*

vaudy: *showy*
virr: *energy*
vizzy: *inspect*

wame: *stomach*
waumlin: *rolling uneasily*
wean: *child*
wechty: *weighty*
we'se: *we shall*
wheen: *little*
wheeple: *whistle*
whittrick: *weasel*

widdy: *gallows*
Wily Lochheid: *Wylie and Loch-
head (high-class Glasgow store)*
winnock: *window*
word-leet: *dictionary*

wowf: *wolf*

yalla: *yellow*
ying: *young*